원종우 글

내 이름은 원종우. 흔히 파토쌤이라고 불리죠. 사람들에게 과학을 쉽게
설명하는 일을 하고 있어요. 여러분이 어릴 때부터 과학에 관심을 갖고
그 관심이 어른이 되어서도 식지 않았으면 하는 바람으로
《엉뚱하지만 과학입니다》를 쓰고 있어요. 내가 그랬던 것처럼요.
라디오나 TV에서 과학 이야기를 자주 하고, 〈과학하고 앉아있네〉와 같은
과학 팟캐스트도 하고 있어요. 《태양계 연대기》와
《나는 슈뢰딩거의 고양이로소이다》 같은 공상 과학 소설도 썼답니다.

최향숙 글

재미있는 이야기를 지어내는 걸 좋아해서 동화를 쓰기 시작했어요. 그동안
과학책으로는 《겁쟁이 공룡 티라노사우루스》, 《우글와글 미생물을 찾아봐》,
《우리 집 부엌이 수상해》 등을 썼지요. 《엉뚱하지만 과학입니다》 시리즈를 생각해 낸 건,
영재 학교에 다니는 고등학생 아들 덕분이었어요. 엉뚱한 상상이 없으면
기발한 생각도 나오기 힘들다는 걸 깨닫게 해 주었거든요.
여러분이 어릴 때부터 엉뚱한 생각을 많이 하기를 바라는 마음으로 이 책을 기획하고 썼답니다.

미늉킴 그림

아주 어릴 때부터 '나는 그림 그리는 일을 할 거야.'라고 입버릇처럼 말했어요.
지금은 손끝에서 만들어지는 이런저런 그림 친구들과 함께 즐겁게 일하고 있답니다.
파토쌤이 들려주는 엉뚱한 과학 이야기를 그림으로 그리면서 신기하기도 하고 즐거웠어요.
글을 읽고 그림을 보는 독자 여러분도 즐거운 독서가 되기를 바랍니다.
그린 책으로는 《엉뚱하지만 과학입니다 4 우리 화성으로 이사 갈래?》,
《황당하지만 수학입니다 3 어디가 제일 간지럽게?》, 《창작의 영감님, 어서 오세요》,
《기자가 되고 싶은 청소년에게》, 《안녕? 나는 호모미디어쿠스야!》 등이 있어요.

와이즈만 영재교육연구소 감수

창의 영재수학과 창의 영재과학 교재 및 프로그램을 개발했습니다.
구성주의 이론에 입각한 교수학습 이론과 창의성 이론 및 선진교육 이론 연구 등에도
전념하고 있습니다. 국내 최고의 사설 영재교육 기관인 와이즈만 영재교육에
교육 콘텐츠를 제공하고 교사 교육을 담당하고 있습니다.

엉뚱하지만 과학입니다

10 우주 쓰레기에 맞을 확률은?

와이즈만 BOOKs

1판 1쇄 인쇄 2024년 3월 7일 | 1판 2쇄 발행 2024년 10월 31일

글 원종우 최향숙 | **그림** 미늉킴 | **감수** 와이즈만 영재교육연구소
발행처 와이즈만 BOOKs | **발행인** 염만숙 | **출판사업본부장** 김현정 | **편집** 이혜림 양다운 이지웅
기획·진행 CASA LIBRO | **디자인 포맷** SALT&PEPPER Communications
디자인 퍼플페이퍼 | **마케팅** 강윤현 장하라

출판등록 1998년 7월 23일 제1998-000170 | **제조국** 대한민국
주소 서울특별시 서초구 남부순환로 2219 나노빌딩 5층
전화 마케팅 02-2033-8987 | **편집** 02-2033-8928 | **팩스** 02-3474-1411
전자우편 books@askwhy.co.kr | **홈페이지** mindalive.co.kr | **사용 연령** 8세 이상
ISBN 979-11-92936-33-8 74400 979-11-92936-18-5(세트)

©2024, 원종우 최향숙 미늉킴 CASA LIBRO
이 책의 저작권은 원종우,최향숙, 미늉킴, CASA LIBRO에게 있습니다.
저자와 출판사의 허락 없이 내용의 일부를 인용하거나 발췌하는 것을 금합니다.

잘못된 책은 구입처에서 바꿔 드립니다.

와이즈만 BOOKs는 (주)창의와탐구의 출판 브랜드입니다.
KC마크는 이 제품이 공통안전기준에 적합하였음을 의미합니다.

엉뚱하지만 과학입니다

10 우주 쓰레기에 맞을 확률은?

원종우·최항숙 글 | 미늉킴 그림
와이즈만 영재교육연구소 감수

과학
좋아하니?

'과학' 하면 고개부터 떨구는 친구들이 있어.
외워야 할 것은 많고, 원리는 복잡하고 어렵게만 느껴지지.
게다가 과학의 탐구 대상은 눈으로 보기 힘든 것들이 많아.
모든 것을 지구 중심으로 끌어당기는 힘이 중력이라는데,
중력이 보여? 우리 몸속에 우주의 별만큼 많은 미생물이 있다는데,
믿어져? 이렇게 눈에 보이지도 않는 것을 탐구하는 게
결코 쉬운 일은 아니지.

그런데 중력은 눈에 보이지 않지만, 우리에게 정말 중요해.
우리가 땅에 발을 디디고 살 수 있는 것도, 지구에 대기가 존재해
우리가 숨을 쉴 수 있는 것도, 다 중력 덕분이니까.
또 미생물을 볼 수는 없지만, 미생물을 연구해야
병을 고칠 수 있고, 다양한 전염병에 대처할 수 있어.
과학은 결코 포기할 수 없고, 포기해선 안 되는 학문이야.

우주 속 과학을 알아볼까?

그래서 어떻게 하면 과학을 쉽게 접근해서 재미있게 공부할 수 있을까?
하는 생각으로 《엉뚱하지만 과학입니다》를 쓰기 시작했어.
1~5권은 이그노벨상을 수상한 과학자들의 연구를
물리, 화학, 생물, 지구과학, 생활과학 다섯 분야로 나누어 알아봤지.
지금부터는 우리가 생활하는 공간을 중심으로,
엉뚱하지만 재미있고 흥미로운 과학 이야기를 풀어 보려고 해.

초등학생들이 가장 좋아하는 공간 다섯 곳을 뽑았지.
그 다섯 번째는 바로 '우주'야.
우리가 가 본 적은 없지만 너무나 궁금하고 어마어마하게
광활한 우주라는 공간에서는 얼마나 엄청난 과학을 찾을 수 있을까?
어쩌면 너를 꼭 닮은 친구 '나'와
앉으나 서나 과학하는 '파토쌤'과 함께,
엉뚱하지만 재미있고 흥미로운 과학의 공간으로 들어가 보자고.

차례

1 나도 쓴다,
  우주인을 위한 발명품! · 9
  이게 다 우주인을 위한 발명품이라고? · 13

2 인공위성, 네가 왜
  거기서 나와? · 17
  돌고 돌아 인공위성 · 21

3 새똥이라 다행이야! · 25
  새똥 맞을 확률, 우주 쓰레기 맞을 확률 · · · · · · · · · · · · · · · 29

4 대포로는
  왜 못 가는데? · 33
  로켓만 달에 갈 수 있는 이유 · 37

5 어쩌면 난
  늑대 인간일지도 몰라요! · 41
  보름달, 초승달, 그리고 월식 · 45

6 할머니를 위한 즐거운 상상 ·························· 49
   달 기지 건설, 어디까지 왔나? ······················· 53

7 우주 여행사가 뭐 그래? ····························· 57
   진짜 있다! 우주 여행사와 우주여행 ················ 61

8 UFO는 과연 접시 모양일까? ······················· 65
   지구인이 만든 우주선, 외계인이 만든 우주선 ······ 69

9 누가 듣는다고 넣어요? ····························· 73
   보이저호에 골든 레코드 있다! ······················ 77

10 나는 쌍둥이자리야! ································ 81
   가늠할 수 없는? 셀 수 없는! ······················· 85

교과 연계가 궁금해요
용어가 궁금해요
사람이 궁금해요

주인공이 궁금해요

누구인지,
뭘 하는 사람인지 알 수 없는
수상하고 이상하고 괴상한 사나이.
동시에 엉뚱하고 기발하고
언제나 과학하고 앉아 있는,
가끔 서 있기도 하는
괴짜 선생님!

 나

초등학교 4학년.
호기심 가득,
솔직함 빵빵, 실행력은 으뜸!
이그노벨상을 받은
엉뚱한 과학 이야기를 알고부터
과학에 관심 급증!

1
나도 쓴다,
우주인을 위한 발명품!

파토쌤네 놀러갔는데 엄청 시끄러웠어.
쌤이 전동 드릴로 책장을 조립하고 계셨거든.
새로운 고글까지 끼고 말이야!

책장 조립을 끝낸 쌤이 소파에 앉으며
알 수 없는 말씀을 하시네!
"이게 다 우주 개발 덕분이야."
"책장 조립하다 우주 개발이라니요?"
황당한 표정을 짓고 있는 내게 쌤이 말씀하셨어.

"배터리로 작동되는 무선 전동 드릴과 고글에 쓰이는 유리는 우주에서 편리하게 탐사와 채취를 하기 위해 개발했거든."
쌤은 소파를 두드리며 말씀을 이으셨어.
"이 소파에 든 *메모리 폼도
우주인을 보호하기 위해 만든 발명품이고."

*책 마지막 장에서 더 자세한 정보를 확인해 보세요.

"와! 모두 우주 탐사 덕에 탄생한 발명품이었구나!"
쌤은 고개를 끄덕이셨어.
"맞아. 우주는 인간이 살아가기 힘든 곳인데,
우주인들은 **우주에서 할 일이 많아**.
그 덕분에 **여러 가지 발명품이 탄생**한 거지."
"또 어떤 게 있어요?"

우주 탐사 과정에서 만들어진 발명품이
우리 주변에 얼마나 많은지 알면 깜짝 놀랄걸?

먼저, 우리가 매일 사용하는 **정수기**가
우주 탐사 과정에서 만들어졌어!
물은 무겁기 때문에 우주에 많이 가져갈 수 없어.
그래서 우주에서는 공기 중의 수증기는 물론
땀과 소변까지 모아서 정수기로 깨끗한 물을 만들어 쓰지.

이제 필수품이 된 **무선 헤드셋**도
원래는 우주인을 위해 만들었어.
우주인이 무겁고 두꺼운 우주복을 입고 있을 때
헤드셋에 선이 달려 있으면 어떻겠어?

아, 선이 이렇게 많은데
헤드셋 선까지…… 정말 너무해!
선 없는 우주에서 작업하고 싶다!

우주복은 심한 열과 추위에서도
몸을 보호해 줄 수 있는 **특수 소재**로 만들어.
이런 소재는 소방복 등에도 이용되고 있어.

우주 탐사는 우주로 직접 나가서 하기도 하지만,
지구에서 관측 장비를 이용하기도 해.
과학자들은 고화질의 우주 사진을 얻기 위해
더 좋은 천체 망원경을 개발하는 것은 물론
CMOS라는 **이미지 센서**도 개발했지.
이 이미지 센서는 스마트폰이나 디지털 카메라에도 쓰여서
우리도 사용하고 있어.

물기 없이 얼리고 말린 **동결 건조식품**도
우주인을 위해 개발된 거야.
가볍고 보관하기 쉬운 데다 물만 부으면
맛도 영양도 그대로라서 우주인에게 안성맞춤이지.
덕분에 우주에서 다양한 음식을 먹을 수 있으니, 얼마나 다행이야!
요즘은 우리나라 김치나 고추장, 불고기도
우주 식품으로 만들어져 인기를 끌고 있대.

2
인공위성, 네가 왜 거기서 나와?

엄마가 차를 바꾸셨어.
엄마는 신났지만, 나는 정말 별로야.
예전 차가 낡긴 했어도, 훨씬 컸거든.

엄마와 나는 얼마 전 이사한 이모 댁으로 향했어.
처음 가는 길이라 엄마는 연신 내비게이션을 보셨지.
"엄마처럼 나이 든 사람들한테는 내비게이션 화면이 커야
좋아. 그래야 잘 보이니까."
엄마가 새 차를 좋아한 이유가 그제야
이해가 갔어.
그런데 갑자기 내비게이션이 작동을 안 하는 거야.

엄마는 망설이다 오른쪽 길로 가는 차선을 탔어.
그런데 내비게이션이 다시 작동을 하더니,
"잠시 후 왼쪽입니다." 하는 거야.
"길을 잘못 들었더니,
도착 시간이 1시간이나 늘어났네!"
울상인 엄마를 보며 나도 모르게 구시렁댔어.
"괜히 차를 바꿔서 고생이야. 옛날 차가 좋았다니까!"

"내비게이션 때문에 길을 잘못 든 건데,
엄마는 괜히 저한테 짜증을 부리시는 거 있죠."
내가 하소연을 하는데, 쌤은 딴소리만 하시더라.
"내비게이션이 가끔 인공위성과 연결이 끊길 때가 있지."
"내비게이션과 인공위성이 무슨 관계예요?"

내비게이션은 기기 속에 들어 있는 지도와 프로그램, 차의 현재 위치 정보를 이용해서 최적의 경로를 계산해.

이때 **인공위성**에서 차의 위치 정보를 받아야 하는데, 내비게이션에는 인공위성에서 보내는 **GPS**(Global Positioning System) 신호를 받을 수 있는 안테나가 설치돼 있어.

GPS는 원래 미국에서 군사용으로 만들었어.
31개나 되는 인공위성을 약 2만 킬로미터 고도에 띄워 놓고
적의 위치를 추적할 수 있도록 했지.
지금은 누구나, 어디서나 사용할 수 있지만,
많은 나라가 각자 위성을 만들고 있어.

그런데 인공위성은 GPS 위성만 있는 게 아니야.
기상 상태와 환경을 관찰하는 기상 위성,
텔레비전이나 라디오 신호를 전달하는 통신 위성,
우주 관측이나 각종 실험을 위한 과학 위성,
그리고 정찰이나 방위를 위한 군사 위성 등 종류가 아주 많지.

요즘에는 **기업들도 인공위성을 쏘아 올리고** 있어.
대표적인 기업이 일론 머스크가 세운 스페이스X야.

스페이스X는 스타링크라는 인공위성을 쏘아 올려서
전 세계에 인공위성 인터넷망을 구축하려고 해.
2030년까지 자그마치 4만 2천 대를 쏘아 올릴 계획이래.

인터넷 선 대신에 인공위성 인터넷망을
하늘에 띄우려는 거네!
그런데, 인공위성이 저렇게 많으면
밤하늘엔 인공위성만 보이는 거 아녜요?

아직까지 밤하늘에 반짝이는 건 거의 별이야.
현재 지구 궤도에
약 8천 개의 인공위성이 떠 있는데도 말이야.
그런데 작동 중인 것은 2천 개 정도래.
나머지는 테스트 중이거나 **우주 쓰레기**로 방치된 상태지.
우주 쓰레기는 어쩌면 좋을까?

3
새똥이라 다행이야!

공원에 비둘기가 엄청 많은 거야.
자전거를 맘껏 탈 수 없어서 화가 났어.
"그렇게 먹기만 하니, 뚱둘기가 되지!"

비둘기들이 날아가자, 자전거로 쌩쌩 달릴 수 있게 됐어.
"이게 다 내 덕이라고!"
나는 큰일이라도 한 듯,
가슴을 쫙 펴고 허리를 꼿꼿이 세운 채 자전거를 탔어.
그런데…….

"깨끗이 닦았어?"

파토쌤이 새똥이 깨끗이 닦였는지 봐 주셨어.

난 괜히 창피해서 딴소리를 했지.

"우주 쓰레기가 아니라 새똥을 맞은 게 얼마나 다행이에요?"

"**새똥과 우주 쓰레기**? 잘도 갖다 붙인다!"

쌤이 킥킥 웃자, 나는 우기듯 말했어.

"둘 다 하늘에서 떨어지는 거잖아요!"

"아하!"

그럼 새똥과 우주 쓰레기를 확실하게 갖다 붙여 볼까?

어떻게요?

우리가 **새똥에 맞을 확률**은 얼마나 될까?
연구 결과에 따르면, 540분의 1이래. 날마다 나가 돌아다닌다면,
1~2년에 한 번은 새똥에 맞을 수 있는 거야.

그렇다면 **우주 쓰레기에 맞을 확률**은?
캐나다 브리티시컬럼비아대학교의 마이클 바이어스 교수팀
연구에 따르면 향후 10년 동안 79억 명의 세계 인구 중
우주 쓰레기에 맞아 한 사람이라도 다칠 가능성은
10퍼센트밖에 안 된대. 수백억 분의 1에 불과한 거야.

1957년 최초의 인공위성 스푸트니크 1호 이후
지금까지 1만 5천 대의 위성이 지구 궤도에 올라갔어.
그중 절반 정도는 고장 나서 작동을 안 하고 있지.
이런 인공위성들은 그대로도 **우주 쓰레기**인데,
대부분 폭발하거나 깨져서 작은 파편이 돼.

작동이 중단되면 회전도 멈추기 때문에
밝은 쪽과 어두운 쪽의 온도 차이가 수백 도에 이르지.
그래서 결국 폭발하거나 깨지는 거야.

우주 쓰레기 크기는 1센티미터 미만,
1센티미터 이상 10센티미터 미만, 10센티미터 이상
이렇게 크기로 구별하는데 그 수가 어마어마해.
*유럽 우주국 ESA에 따르면 10센티미터 이상은
3만 7천 개 정도, 1~10센티미터는 100만 개,
그보다 작은 것은 1억 3천만 개가 넘는다고 해.

우주 쓰레기가 지구에 살고 있는 우리에게 위협이 될
확률은 아주 낮다고 했지?
하지만 우주에서 우주 쓰레기의 위험성은 엄청나.

우주 쓰레기는 총알보다 10배 빠르게 지구 궤도를 돌아.
이 속도 때문에 큰 위협이 되는 거야.
천천히 날아온 공에 맞으면 안 아파도,
빨리 날아온 공에 맞으면 아프잖아!

우주 쓰레기를 처리하기 위한 연구도 활발해.
대표적인 방법은 인공위성이 완전히 멈추기 전에
지구의 바다에 안전하게 추락시키거나,
수명이 다한 인공위성을 그물로 포획한 다음
지구 대기와의 마찰열을 이용해
태워 버리는 거야.

또 레이저를 쏘아서 불태우는 방법,
자석이 달린 위성을 발사하거나,
로봇 팔로 쓰레기를 모아 불태우는 기술도 개발 중이야.

4
대포로는 왜 못 가는데?

파토쌤네 거실에 새로운 그림이 걸렸어.

맞아! 사람이 들어갈 수 있는
커다란 포탄을 만들고,

어마어마하게
큰 대포를 이용해 그 포탄을
달을 향해 날리면,

달에 갈 수 있다고
상상한 영화지.

"와! 대단해요. 대포로 달에 갈 수 있다고 생각하다니!"
내가 고개를 갸웃하자, 쌤이 웃으며 대답하셨어.
"1902년에 나온, 세계 최초의 SF 영화야.
뭔가 허술하고 말이 안 되는 것 같지만,
당시에는 정말 놀라운 상상력을 발휘한 작품이었을 거야."

난 쌤 말씀에 고개를 끄덕였어.
그런데 갑자기 이런 생각이 드는 거야.
"그런데 대포로는 달에 못 가요?"
쌤은 당연하다는 듯 고개를 끄덕이셨지.
"못 가지. 달에 가려면 로켓을 이용해야 해."
"왜요? 왜 대포는 안 되고 로켓은 되는 거예요?"

대포와 로켓은 둘 다 뭔가를 멀리 날려 보내.
하지만 큰 차이가 있어.

대포는 쇠로 만든 기다란 포신에서 화약을 폭발시켜서
그 힘으로 쇳덩어리인 포탄을 쏘는 장치야.
포신에 추진력이 있지.
요즘엔 포탄에 폭약을 설치하거나
작은 날개나 다양한 장치를 달기도 해.
하지만 포탄 자체는 추진력이 없어.

그런데 로켓은 포신 즉 발사대가 아니라
날아가는 로켓 자체에 추진력이 있어.
로켓을 쏠 때는 로켓을 발사대에 장착한 뒤
로켓 끝에 있는 엔진 속 연료에 불을 붙여.
그럼 강력한 가스가 뿜어져 나오면서
로켓은 스스로 앞으로 나아갈 수 있어.

사실 로켓의 원리는 일반 항공기의 제트 엔진과 비슷해.
하지만 일반 항공기 역시 달에 갈 수 없지. 왜냐고?

연료에 불을 붙이려면 산소가 필요해.
제트 엔진은 주변의 공기 속 산소를 사용해 엔진을 점화해.
하지만 우주에는 산소가 없잖아.

그래서 로켓의 원리와 같은 제트 엔진으로 움직이는
일반 항공기 역시 달까지 날아갈 수는 없는 거야.

로켓을 만들고 또 발사하는 것은 아주 어려운 기술이야.
전 세계에서 10개국 정도만 독자 기술로 로켓을 만들어.
1톤 이상의 위성을 우주로 쏘아 올릴 수 있는 나라는
미국, 러시아, 중국, 일본, 유럽연합, 인도
그리고 우리나라 이렇게 7개국뿐이고!

와, 대~한민국!

이제 곧 달을 넘어, 화성에 탐사선을 보낼 거라고!

5
어쩌면 난 늑대 인간일지도 몰라요!

난 요즘 독서를 열심히 해.
내가 푹 빠진 책이 있거든.

"검지와 중지의 길이가 같다고?"
책을 읽던 나는 내 손가락을 봤어.
"어라? 검지와 중지의 길이가 같네!"
그러고는 창밖을 보는데 보름달이 떴어!
그때 갑자기 엄마가 들어오시는 거야.

엄마 힘을 못 당한 나는 뒤로 벌렁 나자빠졌어.
"어머, 괜찮니?"
걱정하는 엄마를 보며 나는 심각하게 말했어.
"엄마보다 힘이 약한 걸 보니……,
어쩌면 난 그냥 인간일 수도 있어요."

내가 어젯밤 얘기를 하자 파토쌤이 웃으셨어.
"보름달이 질 때까지 아무 일 없어서……,
네가 늑대 인간이 아닌 걸 확인했다는 거야?"
"아직 모르죠. 언젠가 보름달이 뜨면 또……."
"네가 10살이니까, 120번 정도 보름달이 떴을 텐데,
한 번도 늑대 인간으로 변한 적이 없잖아?"
"제가 태어난 후로 보름달이 120번 정도 떴다고요?
쌤은 어떻게 그걸 바로 알아요?"

달은 지구 주위를 도는 위성이야.
별이 아닌데도 빛나는 건 태양빛을 반사하기 때문이지.
그런데 달은 어떤 때는 보름달로, 또 어떤 때는 반달로 빛나.
태양과 달, 그리고 지구의 위치에 따라
태양빛이 반사되어 우리에게 보이는 **달의 모양이 달라**지거든.

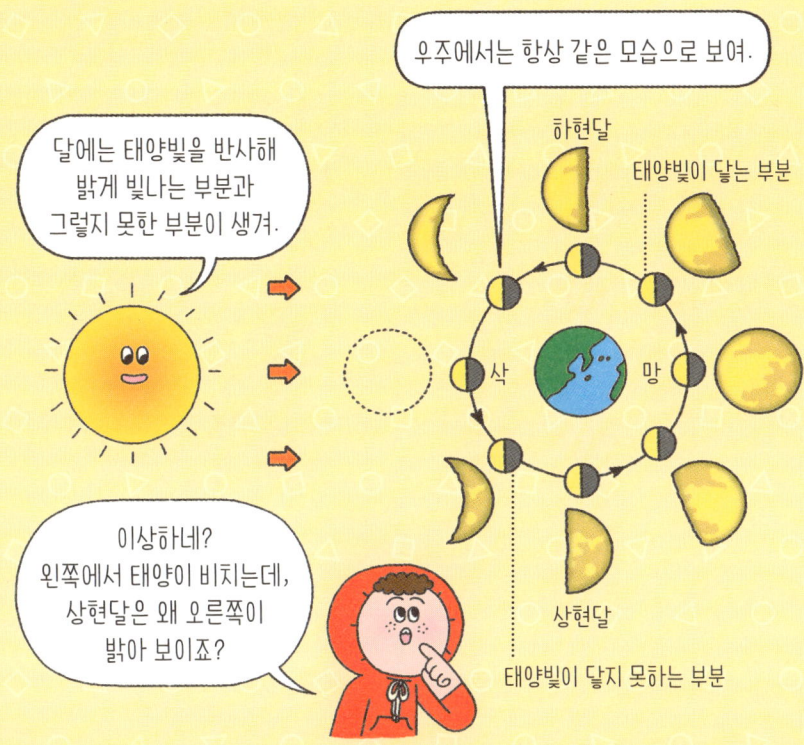

하현달은 왼쪽이 밝은데 **상현달**은 반대로 오른쪽이 밝냐고?
우리는 지구의 북반구에서 달을 보잖아!
하현달을 볼 때를 기준으로 상현달을 볼 때는 180도 뒤돌아서 보게 돼.
따라서 왼쪽과 오른쪽도 바뀌는 거야.
반대로 남반구에서 보면 상현달이 왼쪽이 밝고
하현달이 오른쪽이 밝게 되지!

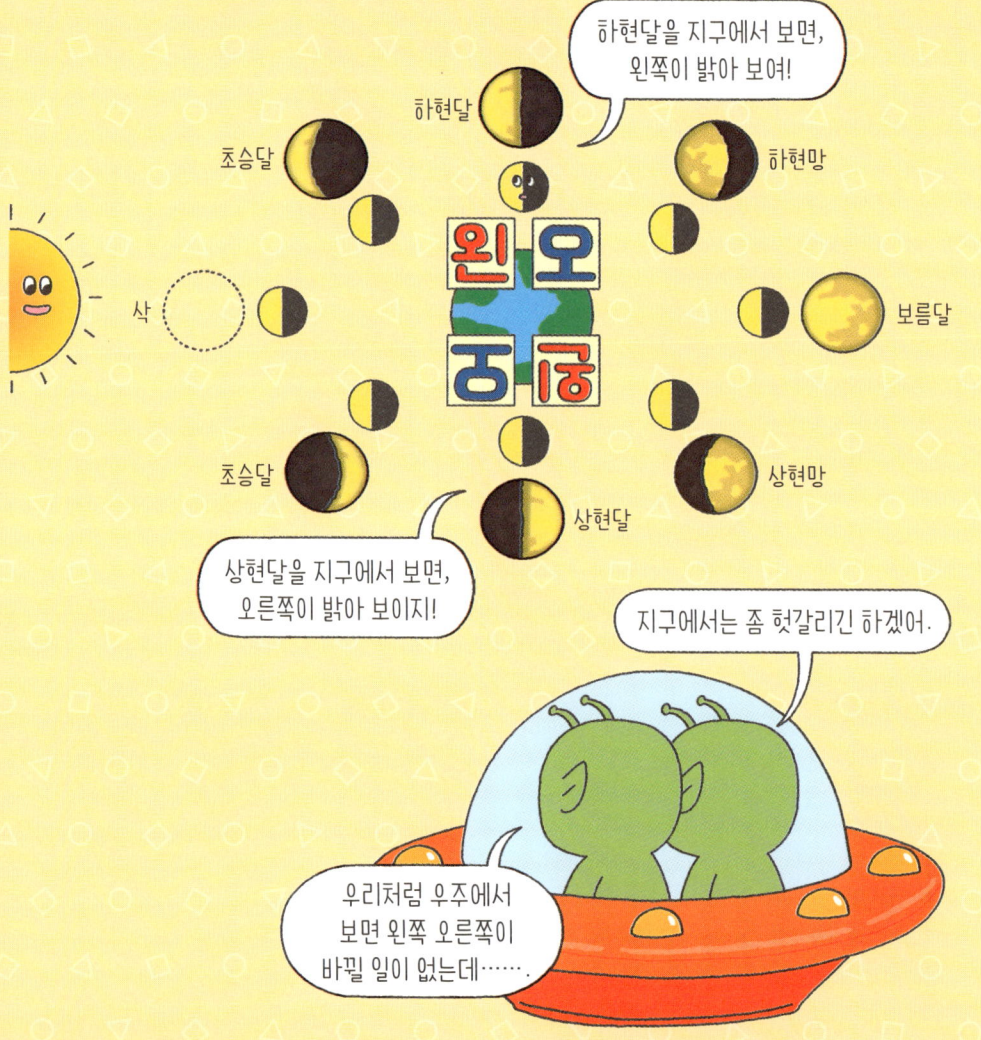

보름달이 돌아오는 주기는 약 30일 정도지. 일 년에 12번!
그래서 10년 동안 120번 정도 보름달이 떴다고 한 거야.
사람들은 이런 **달의 공전 주기를 기준으로 달력**을 만들었어.
이를 **음력**이라고 해.

한 달을 29~30일로 하고 1년을 12개월로 하면
354일 정도밖에 안 되잖아?
그렇게 몇 년이 지나면 계절이 맞지 않게 돼서,
음력을 잘 쓰지 않게 된 거야.
하지만 밀물과 썰물같이 달의 움직임과 관계있는
현상들이 일어나는 날짜는 음력을 통해 알 수 있어.

우리가 지금 쓰는 달력은 **양력**이야.
양력은 지구가 태양 주위를 한 바퀴 도는
지구의 공전 주기를 기준으로 만든 달력이지.

6
할머니를 위한 즐거운 상상

오랜만에 할머니와 여행을 갔어. 따뜻한 온천으로!
솔직히 아무리 추워도 온천은 별로야.
하지만 이번에는 기쁜 마음으로 갔지.
할머니가 가고 싶어 하셨거든.

무릎 관절이 다 닳아서
인공 관절을 넣는 수술까지 한 할머니는
평소에 걷는 걸 힘들어하셨어.
나는 그런 할머니가 항상 안타까웠지.
그런데 풀장에서 할머니는 완전히 다른 모습이었어.

물속에서 걷는 할머니가 전혀 힘들어 보이지 않았어.
사실 물속에서 걷는 게 땅에서 걷는 것보다 쉽잖아!
부력이 우리 몸을 떠받쳐 주니까.
그래서 나도 튜브를 빼고, 할머니께 갔어.
"할머니 같이 걸어요!"

"쌤, 할머니가 달에 가서 사시면 좀 더 편하지 않을까요?"
온천 다녀온 뒤 좋은 생각이 나서 파토쌤부터 찾아갔지.
"달의 중력은 지구 중력의 6분의 1이니까
할머니를 끌어당기는 힘도 적어서
할머니가 몸을 더 가볍게 움직여 힘이 덜 드실 것 같아서요."
쌤은 감탄하며 말씀하셨어.
"좋은 생각인데. 지금부터 달에서 살 궁리를 해 볼까?"

달이나 화성에 기지를
건설하고 이주하려는 계획을
세우는 사람들이 있거든.

오, 진짜요?

1969년, 아폴로 11호 사령관 *닐 암스트롱이
인류 최초로 달에 발을 디뎠어.
그로부터 50여 년이 지난 지금,
여러 나라가 달 기지 건설 계획을 진행하고 있어.

미국을 비롯한 여러 나라는
2028년에 달 기지를 건설하겠다는 목표로
아르테미스 계획을 추진 중이야.
우리나라도 이 계획에 참여하고 있지.
중국은 그보다 1년 빠른 2027년에
달 기지를 건설한다는 계획을 세우고 있어.

달 극지에 얼음이 많다는 것이 확인되면서
달 기지 건설은 이뤄질 가능성이 더욱 커 보여.
얼음을 녹이면 물을 얻을 수 있고
물을 전기 분해하면 산소와 수소를 얻을 수 있거든.
달 체류에 필요한 물과 산소, 연료가 해결된 거지.

물론 달에는 대기가 없어서 밤낮의 온도 차가 엄청나.
자기장도 없어서 우주 방사선을 맞게 될 염려도 있지.
유성이 시도 때도 없이 떨어지고. 아르테미스 계획은
이런 문제들을 용암 동굴로 해결하려고 해.

달에서 더 나아가 **화성에 기지를 건설**하고
아예 이주하려는 계획을 세우는 이들도 있어.
화성은 옅은 대기도 있고 밤낮의 온도 차도 적어.
또 물이 흘렀던 흔적이 있는 것은 물론
만년설과 얼음이 있을 가능성도 커 보여서
물과 산소, 연료 문제도 해결될 테고.
문제라면 너무 멀다는 거야.
달은 빠르면 4일에도 갈 수 있지만
화성까지는 8개월이나 걸리니까.

그런데 기지 건설은 비교적 빠른 시간에 가능하겠지만,
많은 사람이 이주해 **그곳에 살게 되기까지는 오랜 시간이 걸릴 거야.**
사람이 살려면 식량이 필요한데
달이나 화성에서 농사를 지을 수 있는 기술력은 아직 없으니까.
그렇다고 우주선을 통해 달이나 화성까지
식량을 실어 나르기에는 돈이 너무 많이 들 거야.

7
우주 여행사가 뭐 그래?

"엄마, 이번 여름 방학에 우리 어디로 여행 가요?"
내 물음에 엄마는 아빠를 가리키셨어.
"아빠한테 물어봐."
이번엔 아빠한테 물었지.
"아빠, 어디로 여행 가요?"
"네 맘대로."

며칠 뒤, 내 걱정은 말끔하게 사라졌지.
"이번 여름 가족 여행은 걱정 마.
아빠가 예약까지 다 끝내셨대."
엄마의 말에 나는 아빠를 보며 엄지를 척 세웠어.
그러자 아빠가 어깨를 으쓱하며 말씀하셨어.
"아빠가 우주 여행사에서 나온 우주 특가 상품을 찾았거든!"
순간, 난 뒤로 넘어갈 뻔했다니까!

"우주 여행사에서 나온 우주 특가 상품이라면서요?"
"3박 4일, 제주도 우주 특가 패키지!"
아빠 말에 나는 정말 황당했어.
"우주 여행사라며 무슨 제주도 여행이에요?
또 제주도 여행이 무슨 우주 특가 패키지고요?"
내 말에 엄마는 더 황당한 표정으로 말씀하셨지.
"여행사 이름이야 짓는 사람 마음이고,
우주 특가는 지구를 넘어 우주에서 가장 싸다는 뜻이지!"

"우주도 못 가면서 우주 여행사, 우주 특가라니
과대광고 아녜요?"
내가 툴툴대자, 파토쌤이 위로하듯 말씀하셨어.
"우주까지 여행할 수 있기를 바라는 마음으로
우주 여행사라고 이름 짓지 않았을까?
또 특별하게 싸다는 뜻을 전하려고 우주를 넣었을 거고."
여전히 내가 입을 뾰로통하게 내밀고 있자,
쌤이 내 마음을 한 방에 풀어 줄 말씀을 하셨어.
"**진짜 우주 여행사**가 있긴 있지!"

오랫동안 우주 개발은 국가만이 할 수 있는 일이었어.
엄청난 기술과 돈이 드니까.
또 우주에는 아무나 갈 수 없다고 생각했지.
하지만 이제는 민간 기업들이 우주여행 상품을 개발하고
돈만 있으면 누구나 우주여행을 할 수 있는 시대가 됐어.

현재 **우주여행**을 서비스하는 **민간 기업**은
버진 갤럭틱, 블루 오리진 그리고 스페이스X 이렇게 3곳이야.

400킬로미터

세 우주 여행사의 우주여행 상품은 차이가 있어.

블루 오리진의 우주여행 상품
대표 아마존 창업자 *제프 베이조스
여행 시간 전체 비행시간 10여 분, 무중력 체험 시간 5분
여행 비용 4억 원

100킬로미터까지 로켓을 쏘아 올린 뒤, 낙하하며 지구로 귀환!

버진 갤럭틱의 우주여행 상품
대표 괴짜 기업인 *리처드 브랜슨
여행 시간 전체 비행시간 72분, 우주에서 무중력 체험 시간 4분
여행 비용 3억 원

100킬로미터

이처럼 비싼 돈을 주고 훈련까지 받으면서
우주여행을 하려는 사람만 800명이 넘는다지.
이렇게 우주여행을 하려는 이유는 뭘까?
우주에서 푸른 별 지구를 내려다보며 감동을 느끼고 싶은 걸까?
아니면, 무중력 체험을 통해 자유로움을 느끼고 싶은 걸까?

8
UFO는 과연 접시 모양일까?

"내가 봤다고!"
준식이가 흥분하며 말했어.
"내가 분명 봤다니까! 그건 분명 UFO였어."
글쎄 UFO를 봤다는 거야.
나는 파토쌤한테 이미 UFO에 대해서 배운 몸이라고!

"외계인이 있을 수는 있어. 아니 분명 있을 거야.
이 넓은 우주에 생명체가 살 수 있는 별이
지구 하나밖에 없다는 건 말도 안 되니까."
나는 준식이를 보며 말을 이었어.
"하지만 외계인이 지구에 잠깐 나타났다가 사라진다?
생각해 봐. 저 먼 우주를 건너 지구에 왔는데,
어떻게 지구를 슬쩍 지나쳐만 가겠어?"

"그럼 내가 거짓말을 한다는 거야?"
순둥이 준식이가 평소와 달리 화를 낼 것 같았어.
나는 최대한 목소리를 낮추려고 노력했어.
"그게 아니라, 착각했을 가능성이 크다는 거야!"
잠시 생각에 잠겼던 준식이가 다시 입을 열었어.
"그럴 수도 있지. 하지만 나는 착각한 것 같지 않아."

나는 당장 쌤께 달려가 물었어.

"쌤, 사람들이 봤다는 UFO의 모양은 다 접시 형태잖아요?
그런데 우리가 우주로 쏘아 올리는 우주 왕복선은 왜 비행기 모양이에요?"

쌤은 내 질문을 상당히 반기는 눈치셨어.

"와, 요즘 받은 질문 중에 가장 참신한 질문인걸?"

우리가 흔히 말하는 우주 왕복선은 비행기처럼 생겼어.
하지만 우주 왕복선만을 우주로 쏘아 올릴 수는 없어.
로켓이 필요하고, 또 로켓 연료가 필요하지.
그래서 **우주 왕복선은 발사 때 모습과
지구로 돌아올 때의 모습이 아주 달라.**

우주 왕복선은 글자 그대로 왕복선이야.
우주와 지구를 왔다 갔다 해야 하는 거지.
그래서 우주로 날아갈 때뿐만 아니라,
지구로 돌아올 때를 생각해서 만들어야 했어.

지상에 착륙할 때는 바퀴도 있어야 했지.
그래서 우주 왕복선을 비행기 형태로 만든 거야.
우주 왕복선은 2011년을 마지막으로 은퇴했어.
로켓과 연료는 모두 일회용인데다
우주 왕복선 자체도 너무 무거워서 비효율적이었거든.

요즘은 **재사용 가능한 로켓**이 우주 왕복선을 대신하고 있어.
로켓 위에 우주인을 태울 수 있는 캡슐이나
인공위성 등을 탑재해서 우주로 올려 보내고
로켓은 지구로 돌아오게 해 재사용하는 거야.
로켓 제어 기술의 발달 덕분이지.

그에 비해 UFO는 접시나 원반 형태가 많아.
구형이나 삼각형, 불규칙한 모양을 목격했다는 사람도 있고.
그런데 이런 다양한 형태의 공통점이 뭔지 알아?
지구에서 안정적으로 날거나 착륙할 수 있는 조건을
가지고 있지 않다는 거야!

9
누가 듣는다고 넣어요?

파토쌤 집에는 골동품이 많아.
오늘은 쌤이 골동품들을 정리한다면서
내게 도움을 청하셨어.

요즘은 보기 힘들지만, 예전에는 이런 턴테이블에 LP 레코드판을 올려 음악을 들었어.

텔레비전에서 봤어요!

그런데 한쪽에 빛바랜 황금빛 박스가 하나 보이네.
"저 박스는 뭐예요?"
"보이저 골든 레코드에 들어간 음반만 모아 둔 거야."
쌤은 흐뭇해하며 박스를 여셨어.
거기에는 음반이 여러 개 있었어.

나는 고개를 갸웃했어.

"왜 이런 음반들을 금빛 박스에 함께 두셨어요?"

별로 공통점이 없어 보였거든.

"보이저 골든 레코드에 들어간 음반이라니까!"

"보이저 골든 레코드? 그게 뭔데요?"

보이저는 1977년, 우주로 발사된 무인 우주선이야. 1호와 2호가 있지. 보이저 1호와 2호에는 금박을 입힌 구리 음반이 실려 있어. 여기에는 지구와 인간의 모습을 담은 사진들과 지구의 소리와 음악, 문학 작품, 여러 언어의 인사말 등이 담겨 있지. 이 레코드를 '보이저 골든 레코드'라고 하지.

나는 여전히 이해가 안 됐어.

"무인 우주선은 사람이 타지 않은 우주선이잖아요? 그런데 왜 음반을 넣었어요? **누가 보고 들으라고**?"

쌤은 중요한 비밀을 말하듯 목소리를 낮췄어.

"**외계인**이 듣겠지!"

"네?"

보이저호에 골든 레코드 있다!

보이저호는 목성·토성·천왕성·해왕성 등 태양계 바깥쪽에 위치한 **외행성들을 탐사하기 위한 무인 우주선**이야.
2호는 1977년 8월, 1호는 9월에 발사됐어.
1호보다 2호를 먼저 발사한 건, 탐사 방향 때문이야.
1호는 목성과 토성에 근접 탐사하는 게 초점이었고,
2호는 천왕성과 해왕성 쪽을 탐사하는 게 초점이었어.

행성들은 움직이고 있잖아?
그래서 탐사 방향을 맞추려면
2호를 먼저 발사해야 했던 거야.

출발한 지 50년 가까이 된 지금,
보이저 1, 2호는 태양계 행성 탐사 임무를 모두 완수했어.
행성 주변을 지나면서 사진을 찍고 자료를 수집한 건데, 과학자들에게 엄청난 도움이 됐지.

지금 보이저 1, 2호는 태양계를 벗어나
머나먼 심우주로 향하는 중이야. 2023년 8월 기준으로
1호는 태양으로부터 151억 킬로미터,
2호는 127억 킬로미터나 멀어졌지.
지구와 태양 사이 거리가 1억 5천만 킬로미터니까,
정말 멀리 갔는데도 여전히 지구에 신호를 보내고 있어.

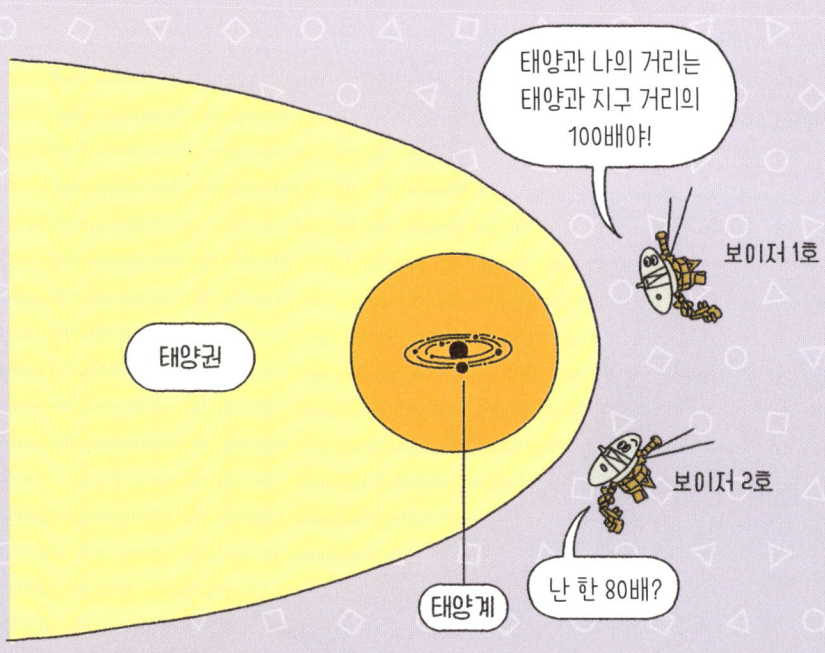

그럼 골든 레코드는 대체 왜 만들어서 가져갔을까?
**외계인이 보이저를 발견하게 될 가능성을
염두**에 둔 거야.
태양계 밖으로 나간 보이저호가 우주를 떠돌면
가능성은 낮을지라도, 외계인이 보이저호를 발견할 수도 있어!

그때를 위해서, 인류가 존재한다는 사실을 알리기 위해
지구상에 존재하는 온갖 소리들을 담은 거야.
심지어 이 골든 레코드에는 115장의 사진도 들어 있어.
또 55개 언어의 인사말이 들어 있는데,
그중에는 한국어도 있다는 사실!

보이저호와 같은 **무인 우주 탐사**는
우리에게 **우주에 대해 더 많은 정보**를 주고
외계 문명과의 만남을 준비할 수 있는 기회도 주지.
그리고 **우리 자신을 돌아볼 기회**도 줬어.

1990년, 보이저 1호가 태양계를 빠져나가는 순간
지구의 모습은 *창백한 푸른 점으로 보였지.
그 사진 속 지구를 보며 많은 사람들이 자신을 되돌아보았대.

10
나는 쌍둥이자리야!

겨울 방학이 시작되자마자, 파토쌤과 캠핑을 갔어.
이날만을 손꼽아 기다려 와서 나는 엄청 설레었어.
맛있는 걸 잔뜩 먹을 생각에!

하지만, 밤이 되자 진짜 가슴 설레는 일이 생겼어.
말로만 듣던 내 별자리를 봤거든!
별을 보고 있으니까, 별에 직접 가 보고 싶어지는 거야.
"쌍둥이자리에서 저기 제일 빛나는 별까지 갈 수 있어요?"

쌤은 허허 웃으셨어.
"응, 폴룩스 말이구나! 못 갈걸.
폴룩스는 33광년이나 떨어져 있거든."
"광년이요?"
"광년은 우주의 거리를 재는 단위야.
빛이 1년 동안 가는 거리를 1광년이라고 하지."
한숨이 절로 나왔어.

"그럼 저 별까지는요?"

나는 가장 아래쪽에서 빛나는 별을 가리켰어.

"시리우스 말이구나. 시리우스는 가깝지. 8광년만 날아가면 되니까."

나는 그저 입을 다물지 못하다가 문득 궁금해졌어.

"빛의 속도로 날아가는데도 몇 년, 몇 십 년이 걸려요?"

우주는 대략 138억 년 전, 엄청난 대폭발로 탄생했다고 해.
이 대폭발을 '**빅뱅**'이라고 하는데,
빅뱅과 동시에 우주는 엄청난 속도로 팽창하기 시작했어.

우주는 지금도 팽창하고 있어서,
우주가 얼마나 넓은지는 알기 어려워.
그저 우리가 관측 가능한 범위 내에서 말할 수 있을 뿐인데,
우주의 지름은 약 930억 광년이라고 하지.

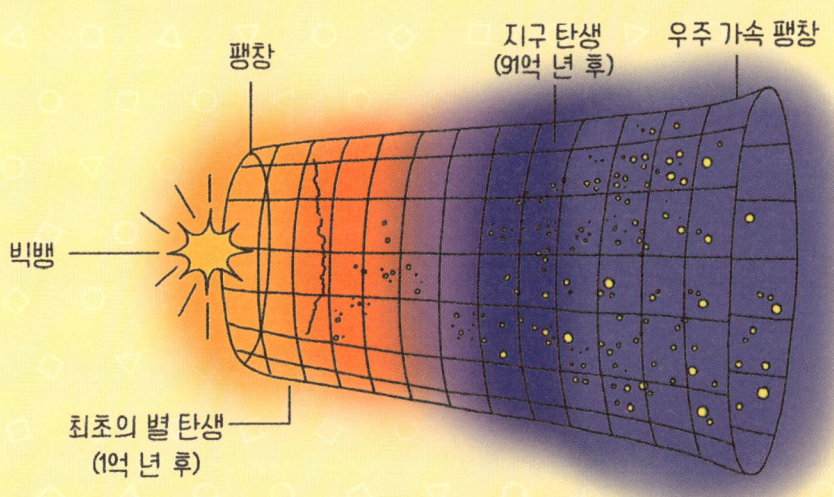

이처럼 어마어마한 우주에는 셀 수 없이 많은 은하가 있어.
아래 사진은 허블 우주 망원경으로 찍은 건데,
저 별처럼 보이는 게 모두 은하야. 별이 아니고!
과학자들은 이렇게 작은 지역의 은하의 수를 센 다음
그 수를 우주 전체 넓이로 곱해 은하의 수를 추산했어.
그렇게 **추산한 은하의 수는 대략 2조 개**지.

각각의 **은하**에는 수천 억 개의 **별**이 있어.
별은 **항성**이라고 하는데, 스스로 빛을 내는 천체야.
항성은 주변을 도는 5~10개 정도의 **행성**을 거느려.
행성 주위를 도는 천체도 있는데, 이는 **위성**이라고 하지.
우리가 살고 있는 지구를 비추는 **태양**은
우리 은하에서 빛을 내뿜는 수천 억 개의 항성 가운데 하나야.
우주에 은하가 대략 2조 개 있으니까…….

도대체 저 우주에 항성이 몇 개인지
가늠할 수 있겠어? 쉽지 않지?
우주는 가늠할 수 없이 넓어.
그 가늠할 수 없이 넓은 우주에 셀 수 없이 많은 별이 있고.
그러니 우리가 우주에 대해 얼마나 알겠어?
하지만 모르기 때문에 더 알고 싶어 하는 마음도 커져!
우주에 대해 제대로 알기까지 얼마나 시간이 걸릴지 모르지만
지금도 우리는 우주의 비밀을 알아내기 위해 노력하고 있지.

교과 연계가 궁금해요

목차	우주에서 찾은 과학 원리	교과 연계
1. 나도 쓴다, 우주인을 위한 발명품!	생활 편의 기술	중학교 3학년 2학기 과학 기술과 인류 문명
2. 인공위성, 네가 왜 거기서 나와?	통신과 기술	중학교 3학년 2학기 과학 기술과 인류 문명
3. 새똥이라 다행이야!	물체의 운동	5학년 2학기 물체의 운동
4. 대포로는 왜 못 가는데?	추진력, 작용과 반작용	6학년 2학기 연소와 소화
5. 어쩌면 난 늑대 인간일지도 몰라요!	지구와 달의 운동	6학년 1학기 지구와 달의 운동
6. 할머니를 위한 즐거운 상상	여러 가지 힘(중력, 부력)	중학교 1학년 1학기 여러 가지 힘
7. 우주 여행사가 뭐 그래?	우주 탐사 기술	중학교 3학년 2학기 과학 기술과 인류 문명
8. UFO는 과연 접시 모양일까?	우주 탐사 기술	중학교 3학년 2학기 과학 기술과 인류 문명
9. 누가 듣는다고 넣어요?	태양계	5학년 1학기 태양계와 별
10. 나는 쌍둥이자리야!	태양계	5학년 1학기 태양계와 별

메모리폼 (11쪽)

일종의 스펀지야. 원래 이름은 비스코엘라스틱(viscoelastic)인데, 폴리우레탄을 특수 가공해 누르면 눌리는 대로 모양이 생겼다가 잠시 후 되돌아오게 만들었어. 1960년대 NASA가 우주선 벽체의 완충재와 매트리스용으로 개발했지. 하지만 요즘에는 일반 가정의 베개나 매트리스로 많이 쓰여. 메모리 폼에 몸을 누일 때 탄탄하게 잡아 줘서 안정감이 느껴지는 데다 가격도 싸거든.

유럽 우주국 ESA (European Space Agency, 30쪽)

미국에 NASA가 있다면, 유럽에는 유럽 우주국이 있어. 1975년에 설립됐는데, 오스트리아·벨기에·덴마크·핀란드·프랑스·독일·아일랜드·이탈리아·네덜란드·노르웨이·포르투갈·스페인·스웨덴·스위스·영국이 회원국이야. 캐나다가 특별 협력 협정을 체결해 일부 프로젝트에 참가하고 있어. 본부는 파리에 있고. 대표적인 사업으로 NASA와 협력해 허블 망원경을 개발했고, 요즘은 목성 탐사를 위한 갈릴레오 프로젝트를 주도하고 있어.

창백한 푸른 점 (Pale Blue Dot, 80쪽)

1990년 2월 14일 보이저 1호가 촬영한 지구 사진을 부르는 명칭이야. 보이저 계획의 화상 팀을 맡고 있던 칼 세이건의 주도로 촬영됐는데, 이 사진을 본 칼 세이건 자신도 큰 감명을 받았대. 그래서 같은 제목의 책《창백한 푸른 점》을 집필했어. 여기서 칼 세이건은 "지구는 광활한 우주에 떠 있는 보잘것없는 존재에 불과함을 사람들에게 가르쳐 주고 싶었다."라고 밝히며, 자신의 소회를 적었어. 그 내용이 궁금하면 꼭 책을 봐! 정말 감동적이거든.